Philomène TANGUY • Gomargu

Bégayons sous la pluie

ou l'art de bien bégayer

Vuibert

« L'enfant n'est pas un vase que l'on remplit
mais une source qu'on laisse jaillir » .

(Maria Montessori)

À Balthazar, Octave et Théodore.

Composition et mise en pages intérieure : Carine Thurion
Couverture : Esther Pailhou

ISBN : 978-2-311-15091-9

Pourquoi ce livre ?

En tant qu'orthophoniste, j'ai souhaité :

- informer, **apaiser** et guider, avant et autour des consultations,
- donner plus de **visibilité** au bégaiement,
- mettre en lumière les recherches actuelles et **avancées thérapeutiques** qui influencent les prises en soin orthophoniques.

Si vous êtes **parent** d'un enfant qui bégaie, si vous bégayez ou connaissez quelqu'un qui bégaie, alors tournez les pages de ce guide illustré.

Vous y trouverez des saynètes inspirées d'expériences vécues : laissez-vous guider par l'éclairage de l'orthophoniste pour mieux **comprendre et appréhender** les situations décrites.

Je vous propose un ouvrage au ton « d'éducation thérapeutique », un voyage pour côtoyer la **complexité** du bégaiement et découvrir le travail – passionnant et engageant – des orthophonistes.

Tels les sables mouvants où plus l'on s'agite, plus l'on s'enfonce, je vous aide à être moins **réactif** en présence du bégaiement.

Je vous soutiens dans votre **motivation** de changement !

Bonne lecture, et bon voyage !

Philomène TANGUY

Remerciements

- À la talentueuse Margaux Reinaudo, pour la pertinence et la fraicheur de son trait de crayon. Quelle chance que nos deux plumes se soient croisées sur ce projet…
- À Nissa Bernard et Gwénaëlle Bourron-Painvin, nos éditrices, pour leur confiance, leur enthousiasme et leur accompagnement délicat.
- À ma chère équipe du cabinet lyonnais « Bellecour Bégaiement », à Juliette de Chassey pour son importante implication dans cet ouvrage : ses précieuses relectures, corrections et ses « idées lumineuses », à l'image de sa personne.
- À Florent, pour sa confiance indéfectible, sa disponibilité pour des retours justes et efficaces ; pour sa poésie et son ingéniosité à l'écrit, comme dans la vie…
- À ma famille. À mes frères et sœur, mes parents, Maîtres en art oratoire et en affection !
- À Bérénice, et à tous mes patients si inspirants…

Préface

J'ai passé mon enfance sous mon parapluie, loin des gouttes, loin des risques, loin des mots. Je me cachais du mieux que je pouvais, et j'évitais toujours de parler. Parler ou bégayer, le choix était vite fait. J'étais seule et triste, sous mon parapluie.

Se cacher constamment derrière ce parapluie était dur et fatigant. Alors j'ai emprunté une route sinueuse, pleine d'incertitudes, de doutes, de remises en question. Je me suis accrochée au wagon de Philomène, à la recherche de ce bonheur éternel. Doucement, j'ai lâché mon parapluie.

Depuis peu, je « bégaie sous la pluie ». Je parle. Je parle librement. J'emploie tous les mots, qu'importe le temps qu'il me faut. Je bégaie sous la pluie. Je bégaie sans même penser que je bégaie. Je dis ce que je veux. Je suis libre, heureuse. Ma parole est parfois ralentie, accélérée, elle prend des bosses et des virages à toute vitesse ; elle traverse beaucoup de feux rouges mais elle ne s'arrête jamais.

Athlète que je suis, je cours sous la pluie depuis bien longtemps. Malgré toutes les difficultés que je traverse, je cours sans cesse à travers les champs, les montagnes, les forêts, les stades d'athlétisme. J'accepte l'inconfort de la pluie ruisselant sur mon corps lorsque mes pieds foulent le sol.

Aujourd'hui, je bégaie sous la pluie comme je cours sous la pluie. Je m'accepte telle que je suis, qu'il pleuve, qu'il vente à l'intérieur de moi ou à l'extérieur. Désormais, je ne m'arrêterai plus ; je prendrai l'averse, les giboulées, le déluge s'il le faut : pour bégayer ou courir sous la pluie, mais toujours librement.

Bérénice FULCHIRON
Athlète de haut niveau.
Finaliste du concours « Éloquence de la différence, Éloquence du bégaiement », Paris 2021.

Sommaire

Partie 1

En attendant la consultation chez l'orthophoniste

Prenons 3 situations illustratives :

Situation N°1 :

Votre enfant de 4 ans commence à bégayer.

Page 8

Situation N°2 :

Votre enfant de 9 ans subit des moqueries.

Page 15

Situation N°3 :

Devenu jeune adulte, il est convié à un RDV amoureux.

Page 21

Situation N°1
ÉCOLE MATERNELLE
T'as l'air d'avoir passé une bonne journée !
Oui !
Je ne lui ai pas posé la question piège « Qu'as-tu fait aujourd'hui? ».
Je sais que cette question trop ouverte pourrait la mettre en difficulté.

Votre enfant de 4 ans bute sur les mots depuis plusieurs mois.
Vous n'avez pas encore consulté d'orthophoniste.
Vous avez besoin d'éclairage.
Voici quelques pistes pour vous guider :

01 Vous ne savez pas s'il bégaie vraiment car il ne bute que sur le début des phrases :

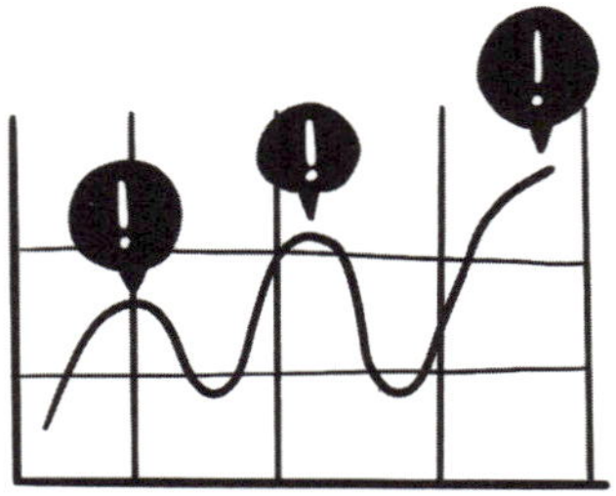

Le bégaiement se définit justement par sa variabilité : certains jours votre enfant bégaiera, d'autres pas.

Vous remarquez des répétitions, des signes de tension dans sa parole. Votre enfant fait des efforts pour parler : vous notez une tendance à fermer les yeux, à crisper son visage.

Ces manifestations sont présentes depuis plus de 6 mois : il est bon de consulter.

Votre inquiétude suffit pour justifier la consultation.

02 Vous vous dites : « Mais pourquoi il bégaie ? »

↓

Il n’y a pas de cause unique au bégaiement.

→ Les facteurs sont multiples :

- Génétiques
- Environnementaux
- Neurologiques

Laissez cette question de côté, et centrez-vous sur le « Comment ».

Comment puis-je aider mon enfant ?

03 Vous avez besoin de conseils concrets pour l'aider :

A. Mettez-vous à sa hauteur.

B. Maintenez le contact visuel.

C. Soyez un interlocuteur actif : intéressez-vous au contenu du message et non à la forme.

D. Ralentissez votre propre débit de parole. Donnez-lui un modèle de parole qu'il a la capacité de reproduire.

E. Cadrez l'échange : privilégiez les questions fermées ou avec des propositions (« tu veux du jus d'orange ou du jus de pomme ? »).

F. Favorisez des moments sans parole ; prenez votre enfant sur vos genoux, caressez-lui la tête : c'est aussi une façon de communiquer avec lui.

G. Les conseils du type « calme-toi, prends ton temps, respire » n'aident pas du tout votre enfant. Ne cherchez pas à le faire arrêter de bégayer mais plutôt à le comprendre, comme vous le feriez avec une personne qui ne parle pas votre langue.

04 Vous êtes inquiet : c'est bien normal d'être inquiet !

Ce bégaiement vous surprend,
et vous déstabilise sûrement.

L'inquiétude n'est jamais bonne conseillère !
Souvent, l'inquiétude est alimentée par :

Une notion d'urgence :

Ne soyez pas dans l'urgence de faire disparaître ce bégaiement.

Une notion de gravité :

Non, ce n'est pas grave de bégayer !
Oui, c'est frustrant, c'est pénible, et inconfortable.

Penser que c'est grave risque d'activer votre cerveau en mode « stress ».

05 Vous ressentez de la culpabilité :

La culpabilité est un jugement que l'on porte sur soi.

Ne vous jugez pas, soyez plus doux avec vous-même.

Le bégaiement n'est pas de votre faute, ni de celle de votre enfant.

C'est bien grâce à vous qu'il va retrouver du confort dans sa parole.

Situation N°2
Marin s'est moqué de moi pendant mon exposé en m'imitant. Il a dit « poupoupoupourquoi tttu parles coccomponne ça ? »
Tu te rappelles, il avait bégayé petit. Mais c'était passé.

Vous notez que depuis cette mauvaise expérience de moquerie, votre enfant se remet à bégayer et lutte avec sa parole.

Vous le sentez plus renfermé sur lui-même, plus anxieux et moins dans le plaisir de l'échange.

Vous avez peur qu'il ne s'isole et attendez avec impatience de revoir l'orthophoniste.

Comment l'aider d'ici là ?

✓ Porter un regard neutre et bienveillant sur le bégaiement.

✓ Soyez toujours guidé par l'envie de le comprendre.

✓ Quand vous sentez qu'il lutte, proposez-lui le mot sur lequel il bute en vérifiant que c'était bien ce qu'il voulait dire.

✓ Laissez-lui le temps dont il a besoin pour parler, montrez-lui que vous avez le temps de l'écouter.

Que faire face aux moqueries ?

Exemples de réponses détachées pour le bégaiement :
Tu bégaies pas très bien, tu veux que je t'apprenne ?
Ouais, je bégaie, et alors...
(à répéter en boucle à chaque pique)
Et encore, t'as rien vu !
Fierté

Proposez à votre enfant de rencontrer son enseignant :

A Pour faire respecter l'interdit de la moquerie dans la classe.

B Pour que l'enseignant privilégie les situations où votre enfant est plus à l'aise avec sa parole (lire à voix haute, réciter une poésie…).

C Pour aider l'enseignant à parler librement du bégaiement et féliciter l'enfant pour toutes les fois où il prend l'initiative de s'exprimer.

D Pour que l'enseignant devienne partenaire du soin qui se mettra en place.

Situation N°3
« Et si on allait boire un verre ensemble pour apprendre à mieux se connaître ? »
J'ai la trouille.

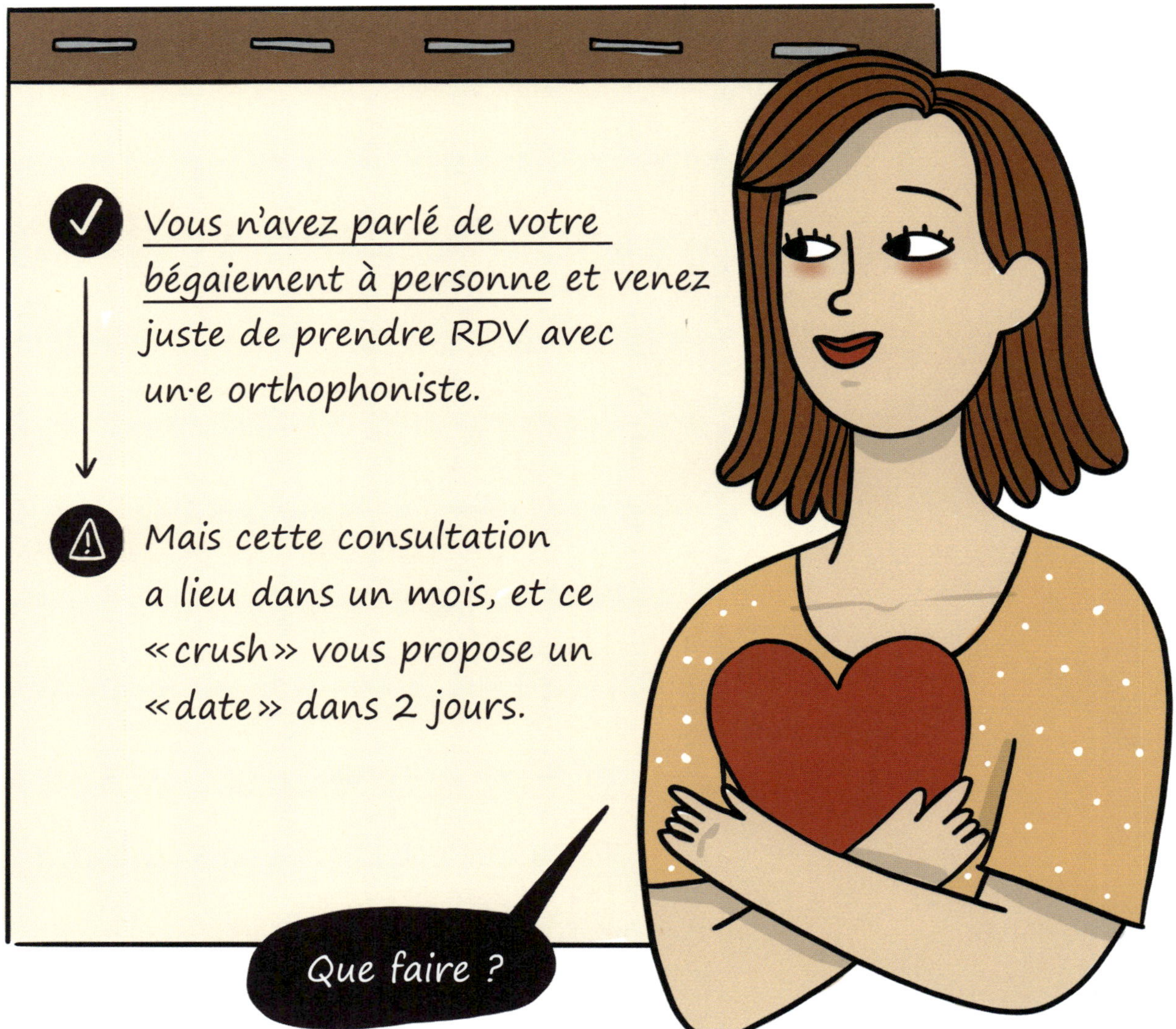
Vous n'avez parlé de votre bégaiement à personne et venez juste de prendre RDV avec un·e orthophoniste.
Mais cette consultation a lieu dans un mois, et ce « crush » vous propose un « date » dans 2 jours.
Que faire ?

Voici mes conseils d'orthophoniste
(et non de coach en séduction !) :

Saisissez cette belle opportunité.
Vous allez ressentir plein de choses dans votre corps et dans votre tête : c'est le stress !
Et c'est bien normal d'en ressentir, que l'on bégaie ou pas.

Vous avez le choix de comment vous bégayez.

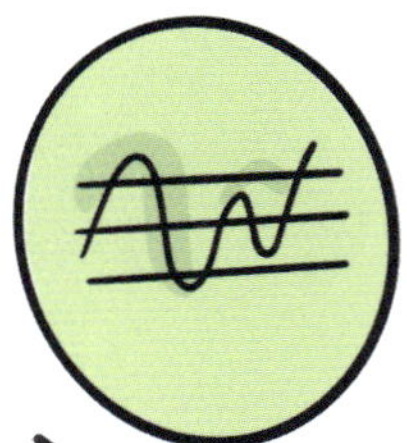

Choisissez un tempo, une vitesse qui vous permettent d'être confortable pour parler.

Faites-lui le cadeau d'annoncer votre bégaiement dès le début de la rencontre : oui, le défi est de taille !

N'ajoutez pas au stress de cette première rencontre le poids de cacher une partie de vous. L'idée de ce « date » est avant tout de vous ouvrir à cette rencontre, donc d'oser vous dévoiler.

Oui c'est difficile de se montrer vulnérable alors qu'on voudrait montrer une image « parfaite » à la personne qui nous plaît. Quand on cherche à cacher quelque chose de nous, on est forcément moins disponible à la rencontre.

Cette confiance que vous lui témoignez amènera beaucoup d'humanité, et de sincérité dans vos échanges.

Vous êtes plus que votre bégaiement. Soyez assuré que vous pouvez être charmant, être intéressant avec votre bégaiement.
C'est une particularité dans votre parole, comme un accent étranger.
Vous serez séduisant si vous êtes spontané, authentique, drôle, avec tout ce que vous êtes et c'est possible avec le bégaiement.

Le regard que vous portez sur vous et votre bégaiement influencera la façon dont l'autre vous regardera.
Le plus important, c'est de s'exprimer et communiquer. Or communiquer, c'est capter l'attention de l'autre, se montrer et se révéler.

Partie 2

Entrons dans la prise en soin : Un peu d'éducation thérapeutique

Pour comprendre le bégaiement, prenons l'image d'un oignon.

1 Le bégaiement, c'est seulement le cœur de l'oignon. Bégayer, c'est quand votre enfant fait des répétitions « poupoupoupourquoi ? », ou encore fait des coupures dans les mots « pour quoi ? ».

2 Un jour, vous avez dit à votre enfant : « respire, calme-toi », message implicite qui dit en réalité : « arrête de bégayer ». Votre enfant s'est mis à faire des efforts pour mieux parler.

Efforts qui sont devenus des répétitions plus tendues, voire des blocages. Il a habillé son bégaiement d'une 1re couche sur l'oignon, qui a ainsi l'air plus gros. C'est le signe que l'enfant lutte avec sa parole.

3 Un camarade a imité votre enfant à l'école. Depuis, son regard devient fuyant, et parfois il fait des grimaces. Il ajoute une autre stratégie pour tenter de contrôler sa parole. C'est une 2e couche.

Au fil de ses expériences, les couches s'accumulent et font grossir l'oignon. Le bégaiement a l'air plus gros. Mais le bégaiement reste la partie vert foncé, qui peut ne plus s'entendre car la lutte prend toute la place.

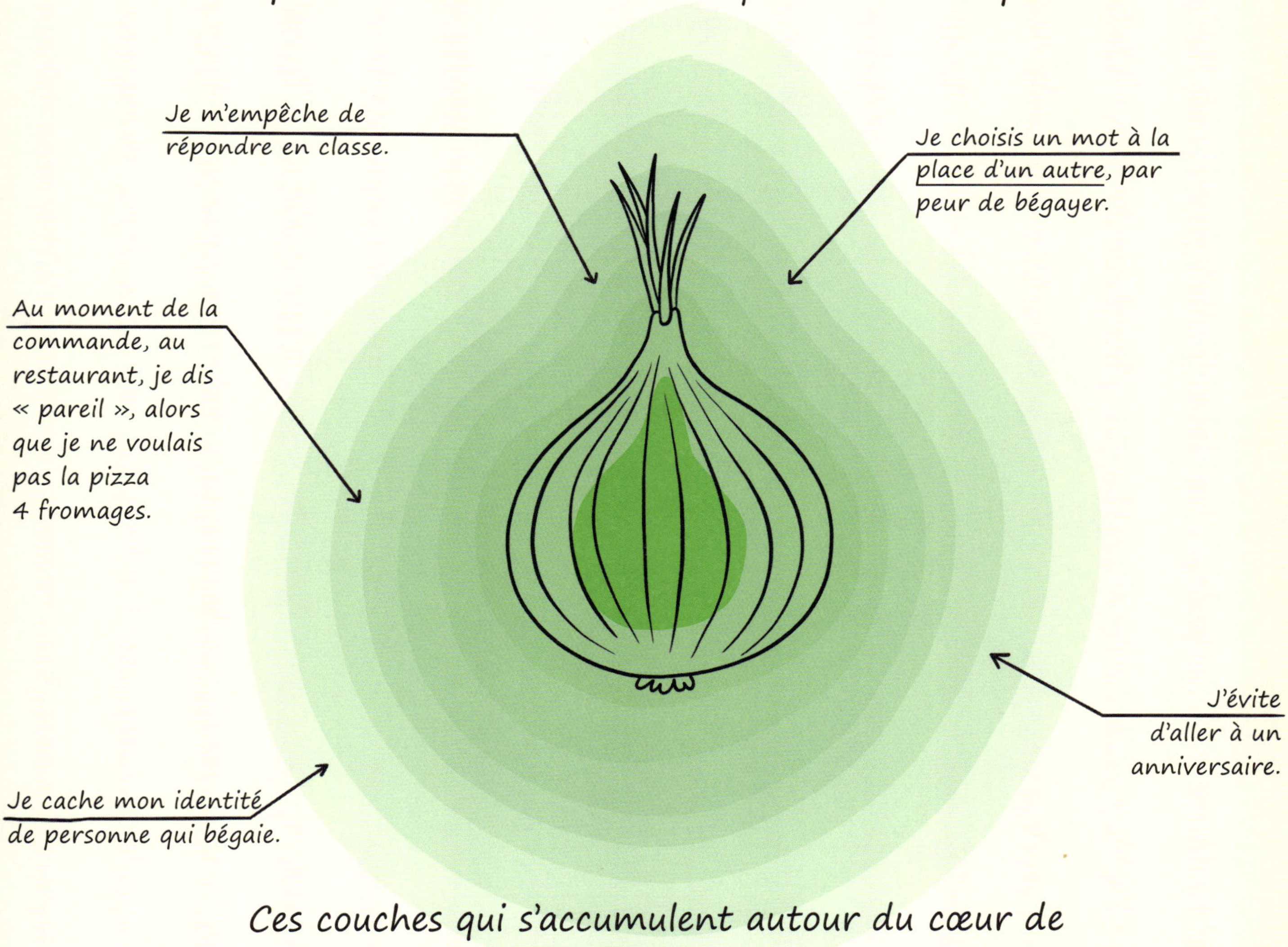

Ces couches qui s'accumulent autour du cœur de l'oignon, ce n'est pas du bégaiement, c'est la lutte de l'enfant qui est le signe de son inconfort.

Être orthophoniste c'est :

Pratiquer un métier du soin et du lien, dans un domaine en constante évolution, à la croisée de plusieurs disciplines : sciences humaines, sociales et médicales.

Évaluer les besoins spécifiques de patients de tous âges avec, par exemple, des difficultés de parole, de langage, de voix, des fonctions de communication ou des fonctions cognitives… et les accompagner vers plus d'autonomie et de confort.

Proposer des prises en soin qui s'intéressent à l'expérience du patient dans sa globalité.

Chapitre 1

L'enfant avant 6 ans

« L'humilité c'est la clé d'or. Dès qu'on prétend la tenir dans sa main, elle s'évanouit. »

Christian Bobin

BÉGAIEMENT ET INTRODUCTION

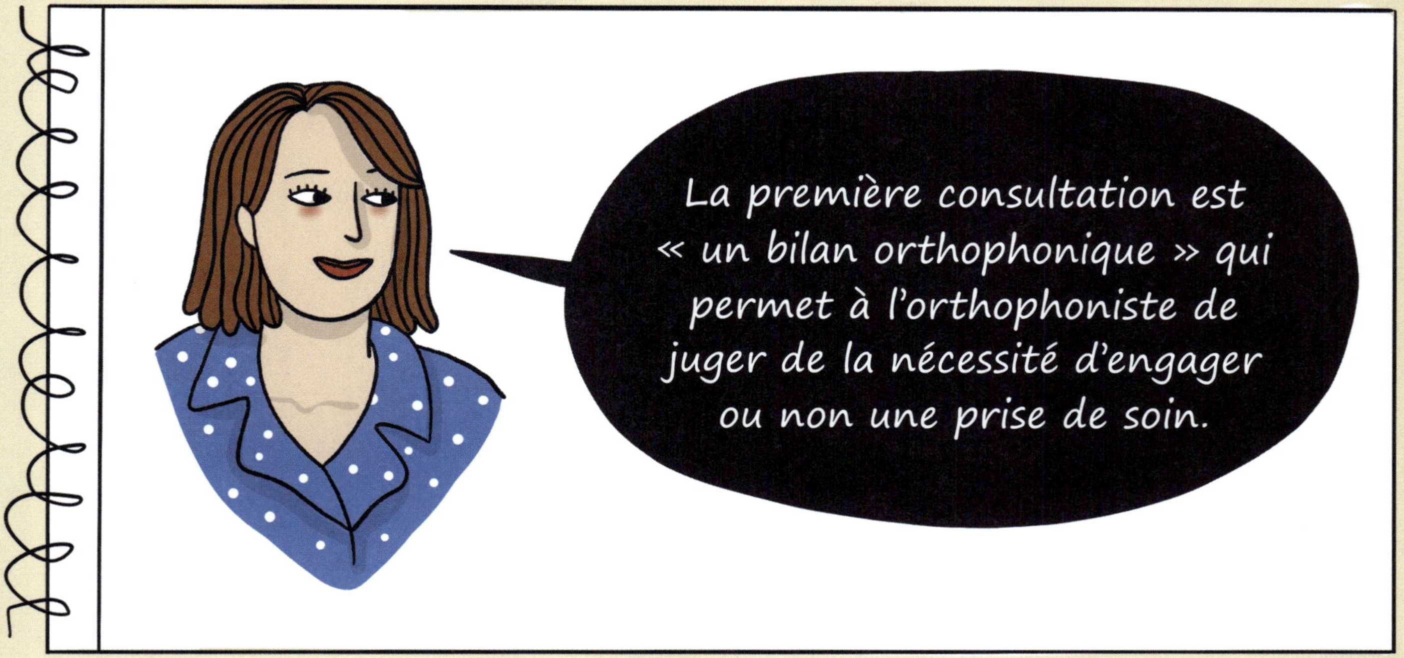

Les orthophonistes travaillent en transversalité avec les autres professionnels :

- de l'enfance
- de l'éducation

et apportent leurs connaissances et leur expertise.

Cette semaine, nous vous proposons de nouvelles recettes :
Saveur 1 : Le bégaiement est une difficulté de coordination entre ce que l'enfant veut dire et peut dire.
Saveur 2 : Le bégaiement affecte le rythme de la parole.
Saveur 3 : Le bégaiement est variable et complexe.
Le Stand du BÉGAIEMENT
le BÉGAIEMENT est un trouble du langage ÉPUISÉ
le BÉGAIEMENT est causé par le stress ÉPUISÉ
le BÉGAIEMENT est un problème de respira ÉPUISÉ
le BÉGAIEMENT c'est psycho-logique ÉPUISÉ
le BÉGAIEMENT est un handicap ÉPUISÉ

Quand il se maintient dans le temps, on parle d'un bégaiement développemental persistant.

1. Le système moteur de parole est instable.
2. La transmission de l'information se fait avec un défaut de rapidité.

Le rythme de parole est donc perturbé, mais l'enfant sait communiquer et se faire comprendre.

Je je je je veux aaaaller jouer dehors.
Je suis partagé entre l'envie de le couper et de le laisser aller au bout.
Et toi ?
Moi je lui dis :
Prends ton temps, respire.
Hum, ça me stresse...
Faut se débarrasser de ce problème et prendre RDV avec un·e orthophoniste.
Oui, ça coince. Je vois bien que ça les inquiète. S'ils veulent m'aider, j'ai juste besoin qu'ils m'écoutent et me comprennent, c'est tout.

« Ce à quoi on résiste persiste, ce que l'on embrasse s'efface. »

Carl Gutav Jung cité par Nadia Teitler dans «Sortie de taire».

Je m'attendais à rencontrer « une technicienne de la parole », mais vous êtes un peu psy, non ?
Aujourd'hui, je ne reçois ni une langue, ni une bouche ou un larynx qu'il faudrait « réparer », « corriger ».
Je reçois un enfant qui pense et ressent des choses.
LE GARÇON LE PLUS DRÔLE du monde
J'accueille aussi vos émotions et celles de votre enfant.

mh...
Un chercheur belge, le Pr Kurt Eggers, a étudié plus particulièrement le profil émotionnel des enfants qui bégaient.
!!!
STRESS
TRISTESSE
COLÈRE
Ces enfants présentent une hyper-réactivité émotionnelle.
Ils réagissent fortement à la frustration et ont plus de difficultés à s'apaiser.
Ils ont besoin de « co-régulation émotionnelle » : j'aide mon enfant à réguler ses émotions en régulant les miennes.

Au programme ce soir
Programme PCI : Parent Child Interaction
Observez les interactions de communication avec votre enfant
Programme des DEMANDES et CAPACITÉS
coup de ♥
Demandes
Capacités
Baissez le niveau d'exigences
programme LIDCOMBE
Programme de renforcement positif
Waouh, tes mots glissent bien
Vous nous conseillez quel programme d'accompagnement parental pour que « ça marche » ?
Le choix du bon film : c'est surtout d'être en phase avec votre orthophoniste pour trouver le moyen d'être apaisé dans la communication avec votre enfant, d'être dans le plaisir de l'échange.

La prise en soin du bégaiement, ce n'est pas « ça marche, ça marche pas. »

La prise en soin orthophonique est un voyage : l'orthophoniste vous aide à définir la destination, mais le chemin se construit ensemble. En étant accompagnés, les parents vont apprendre à ralentir le rythme de leur parole, faire des pauses entre les tours de parole, et diminuer la quantité de langage.

Tous ces ajustements vont faire baisser « le stress communicatif » autour de l'enfant.

BÉGAIEMENT ET SOUFFRANCE

C'est trop dur. D'où me vient cet inconfort, cette inquiétude ?
Certainement de toutes les croyances que vous avez sur le bégaiement.
Est-ce grave de bégayer ?
Est-ce mal de bégayer ?
Oui c'est grave car mon enfant risque de ne pas être comme les autres.
Sacré défi : résister à l'envie de remettre mon enfant dans la norme.
1
1 2
3 1
Vos pensées de parents et vos craintes peuvent être aussi dans la tête de votre enfant. Votre regard plus tranquille sur le bégaiement aidera votre enfant à ne pas lutter.

Je suis inquiète pour l'avenir.
J'ai mal pour elle.
Je suis gênée par le regard des autres.
Pour moi le bégaiement, c'est OK.
Ça me fait de la peine.
Question 3
Que ressentez-vous en présence du bégaiement de votre enfant ?
Groupe de parents - Session 2

Je ne lui couperais pas la parole.
Je le laisserais s'exprimer.
Je serais moins tendue.
Je le regarderais naturellement.
Question 4
Et si le bégaiement n'était plus un problème, qu'est-ce que ça changerait pour vous ?
Groupe de parents - Session 2

Cet arbre n'a que son terreau pour grandir.
Les pensées
« ~~Mon enfant va subir des moqueries~~ »
« Je fais confiance à mon enfant »
Les émotions
« ~~Je suis inquiète~~ »
« Je cherche à m'apaiser »
Le terreau représente les croyances
« ~~C'est mal de bégayer~~ »
« Ce n'est pas grave de bégayer »
Changez les croyances pour changer le regard sur le bégaiement et ajustez vos réactions.

2 orthophonistes échangent.

La parole est l'un des comportements moteurs les plus complexes et les plus automatisés.

Dans l'expérience clinique, en présence d'enfants qui bégaient et qui ont des maladresses de prononciation, il est important de les aider à venir préciser leur geste articulatoire.

Ils auront ainsi une parole plus intelligible.

Chapitre 2

L'enfant après 6 ans

« Dans la vie rien n'est à craindre, tout est à comprendre. »

Marie Curie

Ah bon, il ne reste pas tout seul avec vous ?

Lorsque votre enfant vit des expériences douloureuses, vous aimez être là pour lui, vos réactions et émotions de parents comptent, j'imagine.

Donc, nous aussi nous sommes engagés dans cette prise en soin ?

Exactement ! Votre enfant voit son bégaiement à travers votre regard. Il est à un âge où il perçoit qu'on peut le regarder bizarrement.
Moquerie ?
Jugement ?
Sympathie ?

La prise en soin combine :

Accompagner l'enfant vers une parole plus confortable.

ET

Accueillir les émotions des parents.

Les parents deviennent partenaires du soin.

Comprendre la notion de confort dans la parole

Le confort dans la parole, c'est quoi ?

1. L'enfant parle facilement.
2. Sans effort et sans se contrôler.
3. La parole nécessite d'enchaîner des mouvements complexes.

Quand un enfant a un gros blocage sur un son, la parole n'avance plus.

L'orthophoniste va inviter l'enfant à se laisser bégayer et à aller sur le son suivant.

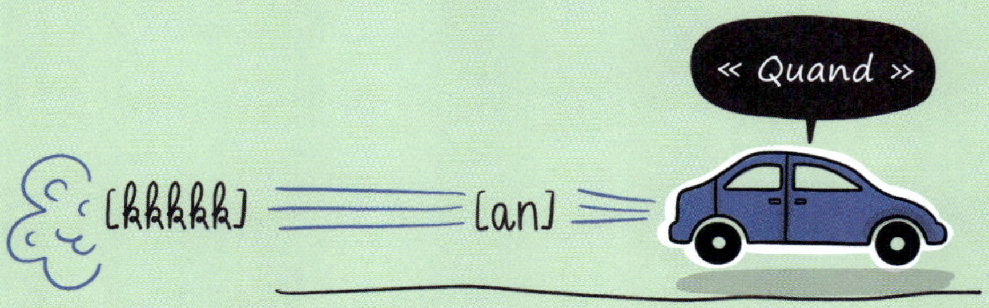

L'enfant va ainsi expérimenter, jouer sur les différents paramètres de la parole, sentir et comprendre comment la parole fonctionne.

La voix humaine est l'instrument le plus complexe et le plus extraordinaire de tous les instruments. C'est à la fois :

Un instrument à vent

Il faut de l'air, qui va passer par la trachée. Le son sera amplifié par les résonateurs (ex : la bouche).

Un instrument à cordes

L'air va faire vibrer nos 2 cordes vocales pour fabriquer du son.

Un instrument à percussions

Le son va être modulé par les mouvements des articulateurs (mâchoire, langue, lèvres, etc.).

BÉGAIEMENT ET RYTHME

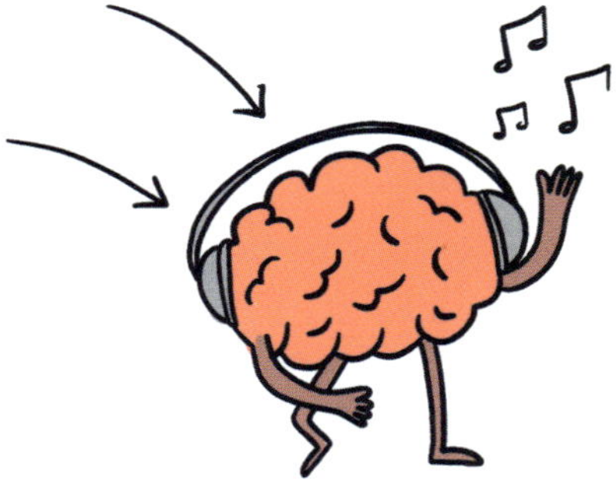

Le réseau interne gère le tempo, la régularité des pulsations. Il permet, par exemple, de reproduire une séquence rythmique après écoute.

Le réseau externe gère la durée des intervalles. Il nous permet de nous synchroniser sur un métronome*.

*Données issues du DRTO d'Alix Raillard, Université Claude Bernard Lyon 1

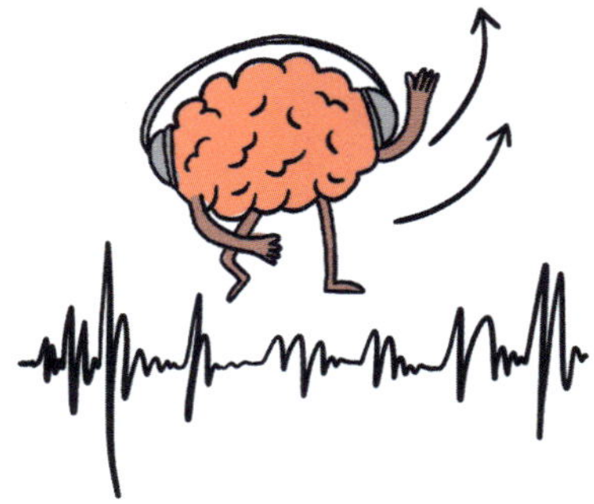

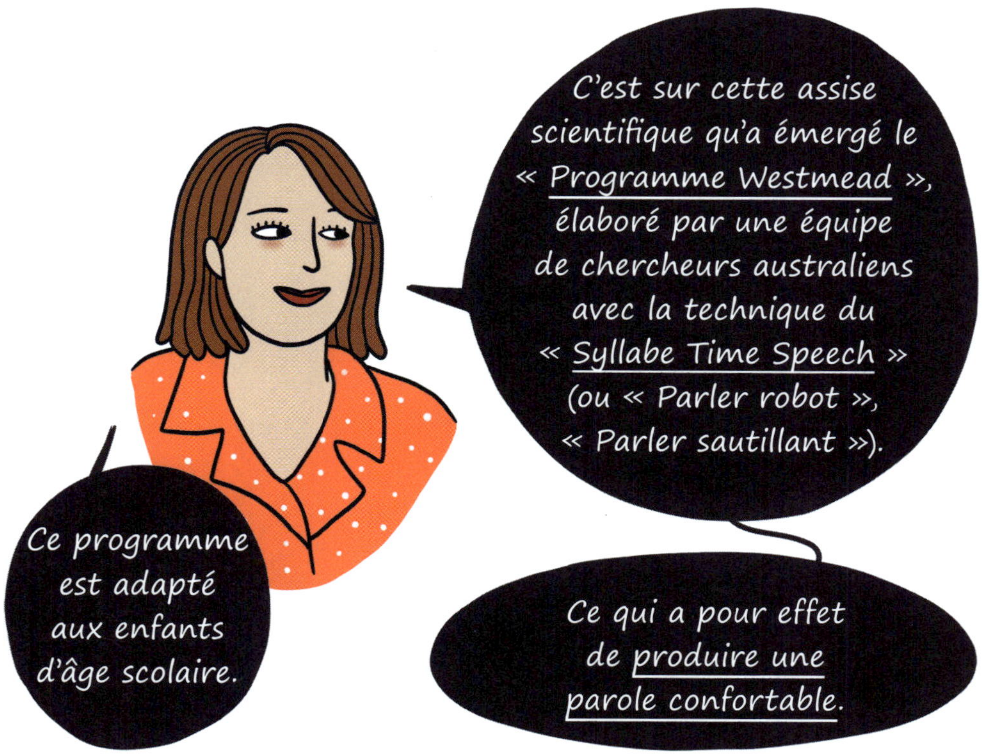

Qui a une bonne expérience à nous partager, cette semaine ?
Moi. J'ai regardé mon copain dans les yeux quand je lui ai parlé cette semaine.
Ah bon comment t'as fait ?
Je me suis intéressé à ce qu'il disait et je l'ai regardé naturellement.

Moi, j'ai dit à un copain « t'as remarqué que je bégaie ? »
Ben il le sait déjà que tu bégaies, il l'entend !
Oui mais quand je lui ai dit, il m'a répondu « je m'en fous, ça me gêne pas » et ça m'a soulagé.
C'est intéressant d'entendre que pour les autres mon bégaiement n'est pas un problème, quand je le vis, moi, comme un problème.

La séance de groupe est un espace de sécurité pour expérimenter la spontanéité, la confiance, s'exposer à bégayer sous le regard des autres, prendre du plaisir et partager des expériences.

C'est aussi un cadre structuré pour réaliser une mission. La mission sera recherchée par l'enfant avec son orthophoniste. Elle permet à l'enfant d'agir.

Exemples de missions :

- Bégayer et dire ce que je veux dire.
- Parler du bégaiement à plus de personnes.
- Passer une commande.
- Laisser un vocal WhatsApp sans le recommencer.
- Participer à une conversation.
- Lever la main en classe.

Je ne connais rien au bégaiement mais je n'ose pas trop interroger mon élève pour ne pas le mettre mal à l'aise.
Le bégaiement c'est très variable. Chaque enfant qui bégaie vit une expérience différente avec son bégaiement.
Mon conseil : créez un lien particulier avec votre élève pour décider ensemble de ce qui l'aide le plus.
Ce qui est sûr, c'est que son bégaiement a permis de parler, en classe, de la différence, de comment on s'écoute. Et surtout j'ai insisté pour que l'interdit de la moquerie soit respecté.
Intéressant ! Il a donc apporté quelque chose à la classe…

Plus un élève va être sollicité pour vivre de nouvelles expériences de parole, plus il va devenir compétent pour interagir avec les autres et en classe.

↓

Vivre ces nouvelles expériences lui permettra d'en reparler avec son orthophoniste et d'apprendre à observer ses émotions, ses pensées et son comportement :

Ce qu'il ressent à l'intérieur de lui.

Ce que sa tête lui raconte.

Ce qu'il fait ou ce qu'il pourrait faire.

Je ne veux pas le faire, j'ai trop peur. On va se moquer de moi.
LE BÉGAIEMENT
Aaa..
Je comprends ta peur. Mais rappelle-toi ce que cette expérience va t'apporter.
Je vais parler de mon bégaiement pour avoir moins peur de bégayer en classe et prendre confiance en moi.
BÉGAI-EMENT
Exposé
Ed Sheeran
Joe Biden
Emily Blunt

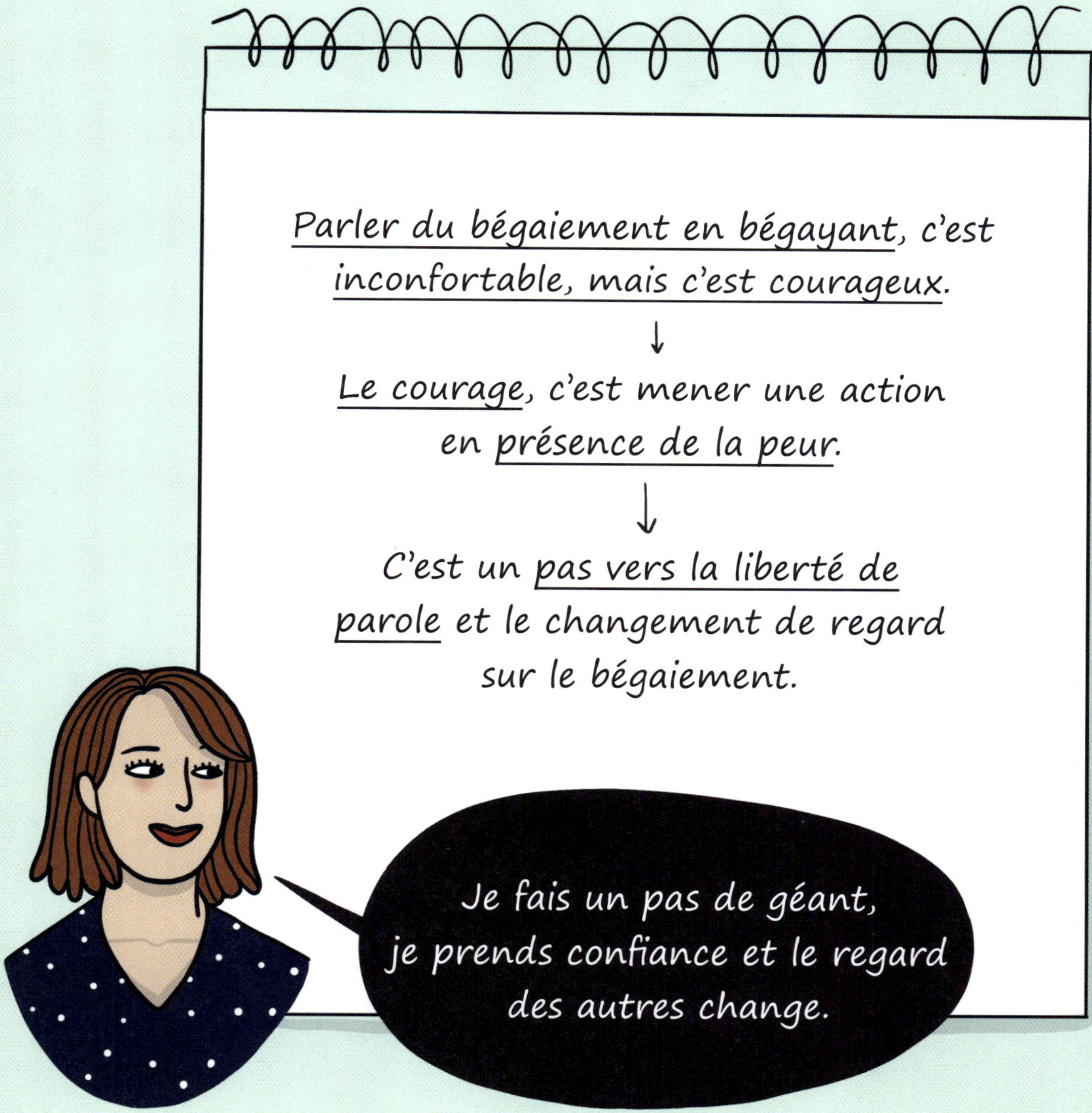
Parler du bégaiement en bégayant, c'est inconfortable, mais c'est courageux.
↓
Le courage, c'est mener une action en présence de la peur.
↓
C'est un pas vers la liberté de parole et le changement de regard sur le bégaiement.
Je fais un pas de géant, je prends confiance et le regard des autres change.

Depuis notre dernière rencontre, nous avons essayé d'être moins réactifs face au bégaiement de notre fils et d'accepter…
Toutefois, je peux me permettre une question ? S'il suffit d'accepter, vous servez à quoi, vous, les orthophonistes ?
À vous accompagner et à vous guider dans les attitudes à ajuster en présence de votre enfant.

L'approche de la thérapie ACT* est intéressante pour :

(*Thérapie d'Acceptation et d'Engagement)

- Changer notre relation à ce qui nous fait souffrir.
- Augmenter notre seuil de tolérance avec le désagréable.

Elle permet d'avoir une certaine clarté sur ce qui ne peut pas être changé dans nos vies, pour s'engager vers ce qui peut l'être.

Qu'est-ce que l'acceptation?

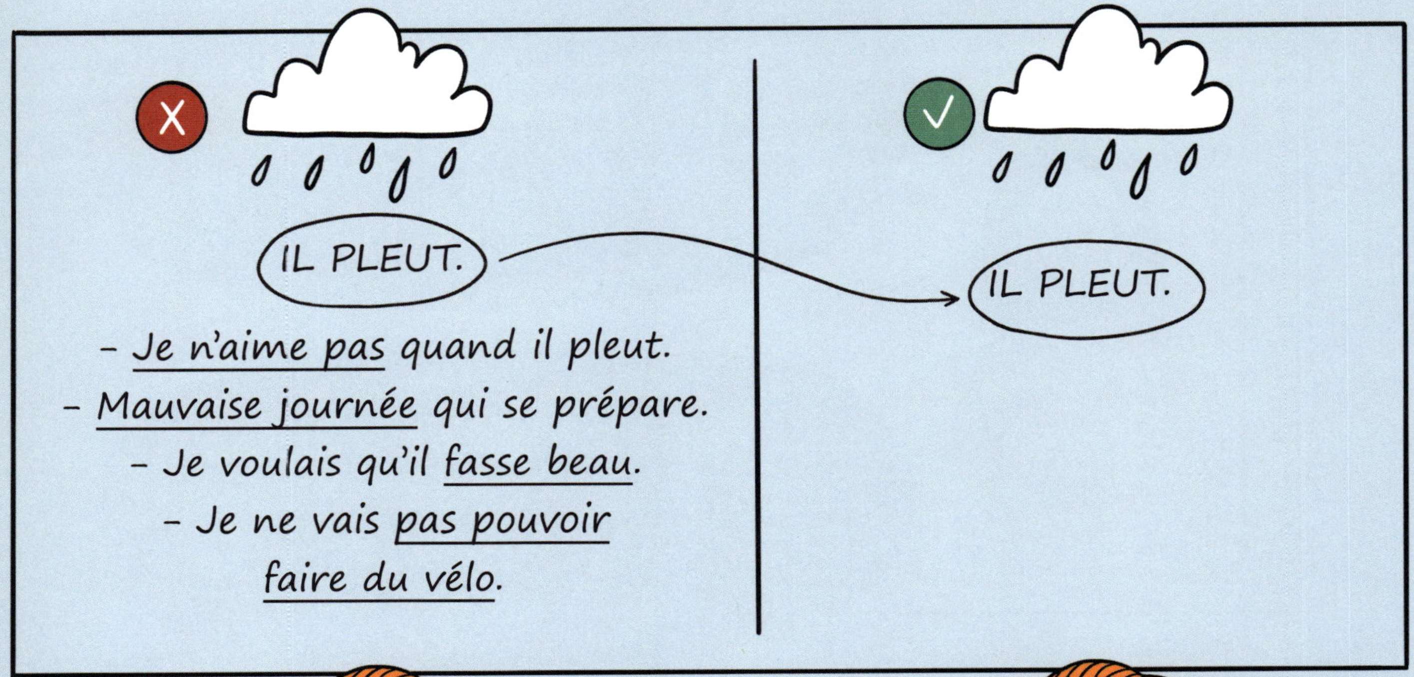

Chapitre 3

L'adolescent et l'adulte

« Ce n'est pas parce qu'ils sont plusieurs à avoir tort qu'ils ont raison. »

Coluche

Parlons un peu de l'historique des prises en soin du bégaiement. Jusque dans les années 2000, nous, les orthophonistes avons été très influencé·e·s par le modèle médical.
Influence du modèle médical :
résoudre, faire disparaître, rendre normal.
Message implicite
Réussite si le bégaiement disparaît et si le patient devient fluent.

Aujourd'hui, l'influence est celle du modèle social.
Modèle actuel, dit social :
s'adapter aux besoins spécifiques de la personne.
Selon 3 dimensions :
ce que pense le patient, ce qu'il ressent et ce qu'il fait.
Message implicite
Communiquer est beaucoup plus important que rechercher la fluidité.

Les TCC* mêlent ces 3 dimensions :

* (Thérapies Cognitivo-Comportementales)

nos pensées

nos émotions

nos comportements

Elles sont intéressantes pour permettre au patient :

1

de comprendre que ce n'est pas le bégaiement le problème mais la perception qu'on en a.

2

d'explorer et de devenir expert de ce qui se passe à l'intérieur de soi (pensées et émotions).

3

d'apprendre des comportements plus ajustés et efficaces.

Par exemple, le patient sera amené à…

Identifier ses pensées automatiques, qui sont involontaires et faire émerger une autre pensée, qui sera une pensée réaliste, apaisante et aidante.

Explorer les notions de menace et d'inconfort.
Si je perçois le bégaiement comme une menace, mon cerveau se met en mode survie et déclenche 3 types de comportements :

de la fuite

de la lutte

de la tétanie

Si je me dis que c'est juste de l'inconfort, je peux alors en supporter une certaine dose.

Grâce à cette approche de « connaissance de soi », la personne sera équipée pour faire face à la réalité telle qu'elle est et non telle qu'elle la craint.

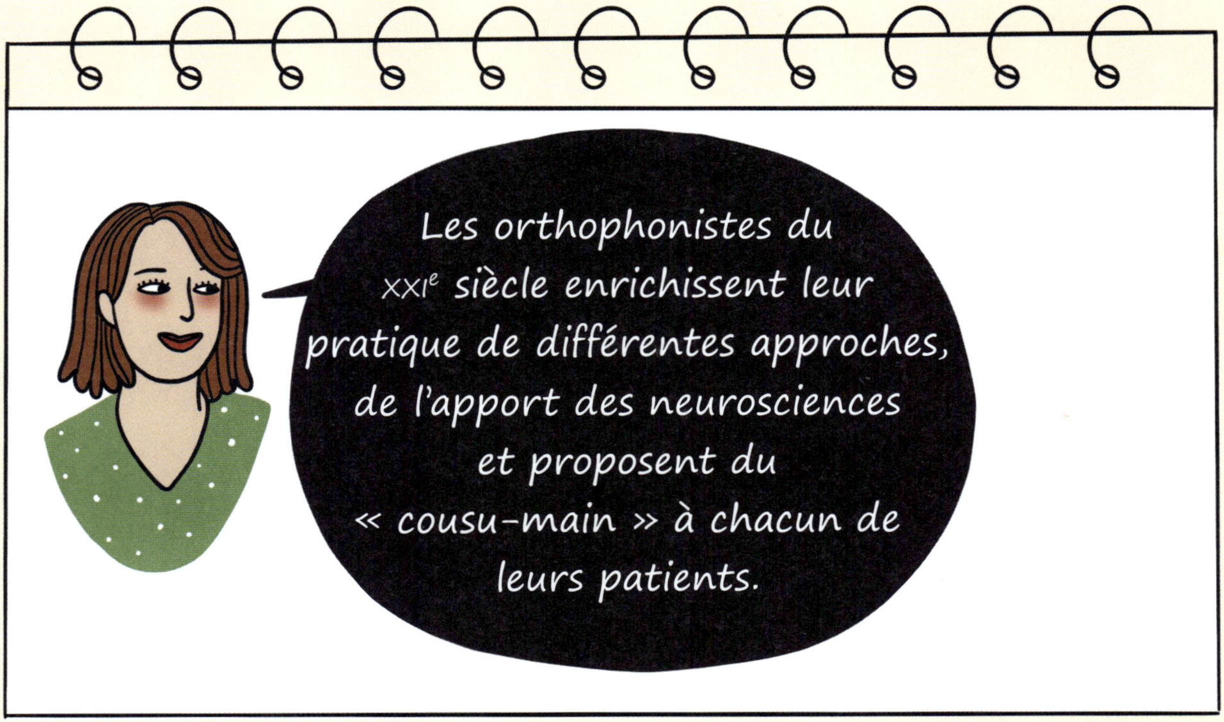

« La fluidité n'est pas un succès, le bégaiement n'est pas un échec ».

Laurent Lagarde, « Goodbye bégaiement »

Ah tu vas voir un·e orthophoniste ? C'est pour enlever ton bégaiement, c'est ça ?
Figure-toi que le bégaiement ne disparaît pas d'un coup de baguette magique.
Alors pourquoi t'y vas ?
Pour apprendre à ne plus être dans des réactions de lutte et moins souffrir, puisque le bégaiement ne se supprime pas.
Bégaiement

C'est-à-dire ?
En fait, ce n'est pas le bégaiement le problème. Le bégaiement c'est ma façon de parler. Le problème c'est que je cherche à le cacher.
Jugement
Peur
Je bégaie
Santé publique
R.4341-3
Le bégaiement a le droit d'exister.
Il n'y a pas de médicament pour supprimer le bégaiement, le « cœur de l'oignon ».
Votre orthophoniste vous aide à vivre avec, à moins lutter et ainsi à mieux communiquer.

Comprendre la notion de choix

Faire un choix est une notion qui implique de dire « JE » :

La personne qui bégaie est le chef d'orchestre de sa parole.

Elle peut choisir :

A

De cacher son bégaiement en changeant les mots ou en évitant de parler. Et prendre le risque d'ajouter « des couches à l'oignon ».

B

De se laisser bégayer et prendre le risque de ressentir de la peur et du stress.

Choisir permet de ne pas subir la situation.

La prise en soin va permettre de « peler l'oignon », de « nettoyer » le bégaiement de sa lutte et d'apprendre progressivement à bégayer ouvertement.

T'as entendu parler du concours d'éloquence pour personnes qui bégaient ?
·CHOISIS TON ASSO·
ÉLOQUENTE
éloquence
cours de POTERIE
TEAM volley-ball
tous les mardis 17H30-20H
FOOT
C'est bizarre comme idée, t'y crois toi ?
C'est quoi bien s'exprimer pour toi ?
Avoir une diction parfaite, sans hésitation, un discours irréprochable.
Ah oui, t'as une vision démodée de l'art oratoire. Et le côté vivant, expressif, authentique du discours ?

Bien s'exprimer, c'est capter l'attention de l'autre pour être écouté et compris.
C'est aussi être spontané, dire ce que je veux, quand je le veux et c'est possible avec le bégaiement.
Le fond restera toujours bien plus fort que la forme.
Bien bégayer et bien communiquer, ce n'est pas contradictoire !

Selon les Grecs, la parole s'appuie sur 3 piliers :

Le logos :

Mon discours est logique, argumenté.

Le pathos :

Mon discours peut émouvoir, influer.

L'éthos :

Je me sens légitime de produire ce discours.

L'éthos est la « colonne vertébrale » de la parole.

« Ce qui fait qu'un orateur est convaincant, persuasif, touchant, émouvant, vous emporte, vous fait voyager, c'est simplement ce qu'il vous dit. »

Bertrand Périer,
avocat et spécialiste de l'art oratoire.

Épreuve finale, concours « Éloquence de la différence, Éloquence du bégaiement », Théâtre Bobino, Paris 2021

Sujet : « Parler de sa vulnérabilité nous rend-il invincible ? »

«Parler de sa vulnérabilité, d'un handicap ou autre, dont nous avons honte, nous rend indestructible psychologiquement. Parce qu'en parler, c'est s'accepter et se montrer tel que l'on est. C'est faire tomber le masque et être davantage soi-même. [...]

À l'adolescence, le bégaiement est entré dans ma vie comme un "boulet" qu'on met aux pieds des prisonniers. Ça y est, j'étais condamnée…

Il m'empêchait de parler, d'avancer comme je voulais. […]

Je n'avais pas la force de lever la main à l'école, de faire une blague avec mes amis. J'évitais certains mots, jusqu'à passer pour impolie. Je faisais tout pour le cacher. J'étais prisonnière d'une parole silencieuse alors qu'en moi les mots jaillissaient. […]

Un jour, je me suis inscrite à un concours d'éloquence pour personnes qui bégaient. J'ai alors compris que bégayer n'était pas mal, n'était pas une honte, et qu'on avait le droit de dire ce que l'on voulait ! Alors je me suis mise à parler, parler, parler de mon bégaiement par-ci, par-là, et je me suis acceptée ! Le "boulet" a fini par s'effondrer. J'ai compris qu'il était fabriqué de honte et de silence. La chaîne, elle, est restée : mon bégaiement fera toujours partie de moi, et j'en suis fière, car c'est grâce à lui que j'en suis là. Grâce à lui que je deviens une femme forte. Plus personne ne m'arrêtera !»

Extrait du discours de Bérénice Fulchiron

Les moqueries ça fait mal !
À l'adolescence, les moqueries n'ont pas besoin de prétexte. On se moquera d'un pull taché, d'une coupe de cheveux, de « tout ce qui dépasse par rapport au rang », donc une « particularité de langage » sera une bonne cible.
Votre mission de parents – si vous l'acceptez – est de bien équiper votre ado face aux moqueries quelles qu'elles soient...

L'adolescence est une période de grand chantier, avec le besoin d'être entendu, écouté, de revendiquer sa singularité. Et, à la fois, le désir de conformité, trouver sa place dans le groupe.

Rappelez-vous que l'adolescent subit de gros changements hormonaux, dont une des répercussions peut être d'accroître le débit verbal.

Vous avez dit quoi là, « je bredouille » ?
Oui tu bégaies et tu bredouilles.
Dans le bégaiement, le cœur du réacteur c'est de mettre trop de tension dans la parole.
Dans le bredouillement, le cœur du réacteur c'est une parole trop rapide qui apporte de la confusion.
En bref, je marche trop vite et c'est le fait de marcher trop vite qui me fait trébucher ?
Voilà. Tu es en difficulté pour ajuster ta vitesse aux différents contextes de parole. Je vais donc t'aider à piloter d'abord un avion de ligne avant de faire des acrobaties en avion de chasse.
FRAGILE

Nous l'avons déjà dit, à l'adolescence,
le pic d'hormones génère une augmentation
physiologique de la vitesse de parole.

Prenons l'image d'une table de mixage :

↑

Si vous augmentez fortement le curseur vitesse, vous déstabilisez votre système de parole et de communication.

↓

Baissez ce curseur vitesse pour retrouver des temps de pause, mieux respecter les tours de parole, mieux articuler.

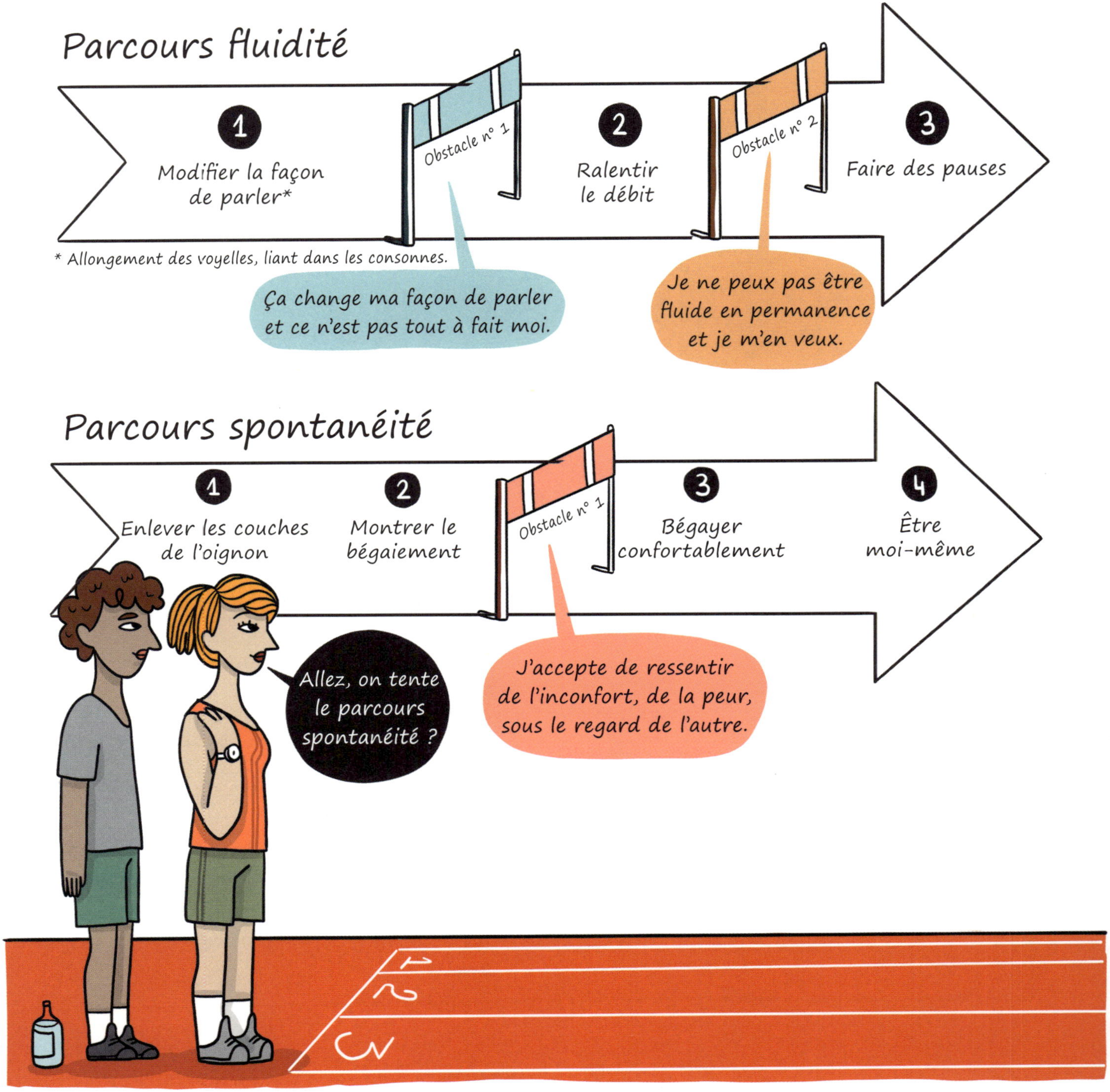
Parcours fluidité
1
Modifier la façon de parler*
Obstacle n° 1
2
Ralentir le débit
Obstacle n° 2
3
Faire des pauses
* Allongement des voyelles, liant dans les consonnes.
Ça change ma façon de parler et ce n'est pas tout à fait moi.
Je ne peux pas être fluide en permanence et je m'en veux.
Parcours spontanéité
1
Enlever les couches de l'oignon
2
Montrer le bégaiement
Obstacle n° 1
3
Bégayer confortablement
4
Être moi-même
Allez, on tente le parcours spontanéité ?
J'accepte de ressentir de l'inconfort, de la peur, sous le regard de l'autre.
1
2
3

Parcours fluidité

Le programme Camperdown

Permet un travail de restructuration de la parole : il est centré sur la recherche de fluidité de la parole.

Parcours fluidité

Le programme 2G2A*

* Gestes de Grande Amplitude Articulatoire (des modifications de ce programme sont en cours)

Permet un entraînement spécifique pour stabiliser le système moteur de parole.

Parcours spontanéité

La TREB®

* Thérapie de Réduction des Évitements dans le Bégaiement

Le patient apprend à se laisser bégayer, à bégayer confortablement. Il va progressivement quitter la lutte qui l'épuise physiquement et psychiquement, et le rend indisponible aux changements.

Le cadre de la relation thérapeutique va permettre au patient de s'engager en direction de ce qui est important pour lui : <u>il choisira son propre parcours.</u>

Comprendre la notion de flexibilité mentale

La flexibilité mentale est liée à la façon dont nous interagissons avec :

- nos pensées
- nos émotions
- nos sensations corporelles
- nos souvenirs

Certaines pensées, certaines émotions peuvent bloquer notre capacité à percevoir ce qui se passe en nous et à l'extérieur de nous, dans un contexte donné.

Être capable d'établir une distance entre soi et ses pensées permet de développer la flexibilité mentale.

Être flexible permet à la personne qui bégaie :

↓

de choisir de faire des actions qui comptent même en cas d'inconfort

Malaise — Stress — Peur — Honte

et d'apprendre à se distancer de ses pensées au lieu de chercher à les supprimer.

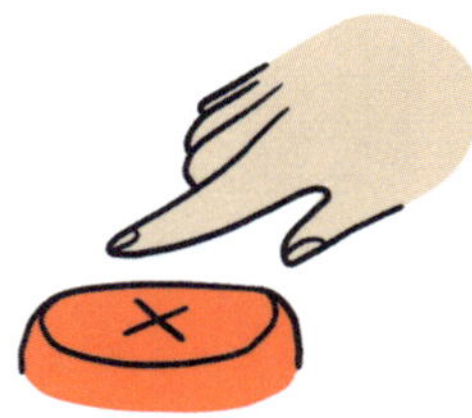

En bref

↓

De passer de :

« Je ne veux plus avoir peur de parler. »

« Je suis capable de parler en ressentant de la peur. »

à

« Il ne faut pas que je bégaie. »

« Je choisis de m'exprimer et c'est OK de bégayer. »

Pour être expressif dans la manière de communiquer, il est nécessaire de s'entraîner à parler de façon vivante.

En voulant cacher son bégaiement, on devient moins expressif.
Or pour communiquer, il n'y a pas que les mots.
Communiquer c'est aussi transmettre de l'émotion.
Il est important de s'entraîner aux techniques d'art oratoire.

L'art oratoire en orthophonie consiste à :

s'entraîner aux techniques spécifiques à la parole :

douceur des contacts articulatoires, parole prolongée, faire des pauses, lier les mots entre eux, clarifier le message et entraîner l'auto-écoute.

s'entraîner aux composantes de la communication :

placement de sa voix, travail de la gestuelle, du regard, de l'ancrage au sol, etc.

Ah tu es orthophoniste ? Tu accompagnes des personnes qui bégaient ?
Est-ce que tu leur apprends à chanter ?
Ahah, non, je ne suis pas prof de chant.
Mais c'est vrai que chanter fait beaucoup de bien aux personnes qui bégaient.
Dans le chant, il y a du rythme, du liant dans les sons, du plaisir, ce ne sont pas nos mots, et on peut se laisser aller.

On active les mêmes circuits neuronaux quand on parle et quand on chante. Dans le chant, cette activation est plus forte et il y a un meilleur contrôle du rythme et de la mélodie.

L'équipe de la chercheuse Simone Falk, de l'Université de Montréal, réalise un programme de recherche, « La chorale qui bégaie », pour étudier les liens entre bégaiement, musique et bien-être : une pratique régulière du chant en groupe peut-elle avoir un impact sur les émotions, sur la stigmatisation du bégaiement et sur la parole ?

Cortisol*

* Hormone du stress

Dopamine*

* Hormone du plaisir

Dans l'anxiété, il y a toujours :

une surestimation de la menace.

« C'est sûr que ça va mal se passer. »

une sous-estimation des ressources.

« Je n'ai pas confiance en moi. »

un haut niveau d'exigence.

« Je dois être au top. »

une autocritique active et une tension physique et psychique.

« J'ai été nul. »

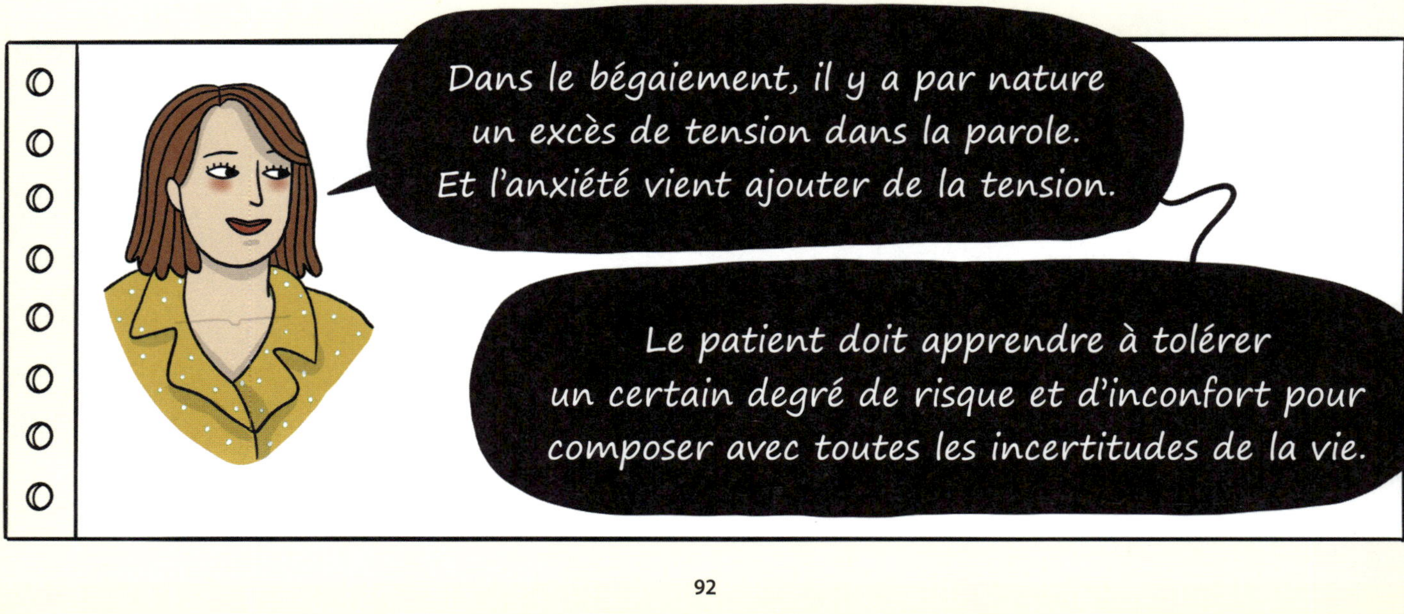

Pour votre entretien d'embauche, comptez-vous annoncer votre bégaiement dès le départ ?
Oui, je devrais, mais j'ai peur.
Quand vous avez peur, quand votre tête part dans des ruminations anxieuses, que pouvez-vous faire ?
Je peux prêter attention à ma respiration. Je reviens dans mon corps.
Ça m'aide à accueillir l'inconfort, à m'apaiser et à m'ajuster.
Et à parler plus facilement du bégaiement.

Les techniques de Pleine Conscience (ou Mindfulness) permettent de mettre de l'attention à l'intérieur de soi, de s'entraîner à sentir et à observer nos sensations, nos émotions, sans jugement.

Elles sont utiles pour nous aider à être dans l'instant présent.

Le premier entraînement se fait
souvent sur la respiration :

1. S'asseoir confortablement.
2. Fermer les yeux.
3. Ressentir le passage de l'air dans les narines.
4. Les mouvements du ventre.
5. Les mouvements de la poitrine.
6. Tourner son attention vers les sons qui nous entourent.
7. Les pensées qui vont, qui viennent.
8. Ramener l'attention sur la respiration à chaque fois qu'elle s'éloigne.

« Le moment présent est le seul moment dont chacun de nous dispose. »

Jon Kabat-Zinn

BÉGAIEMENT ET HONTE

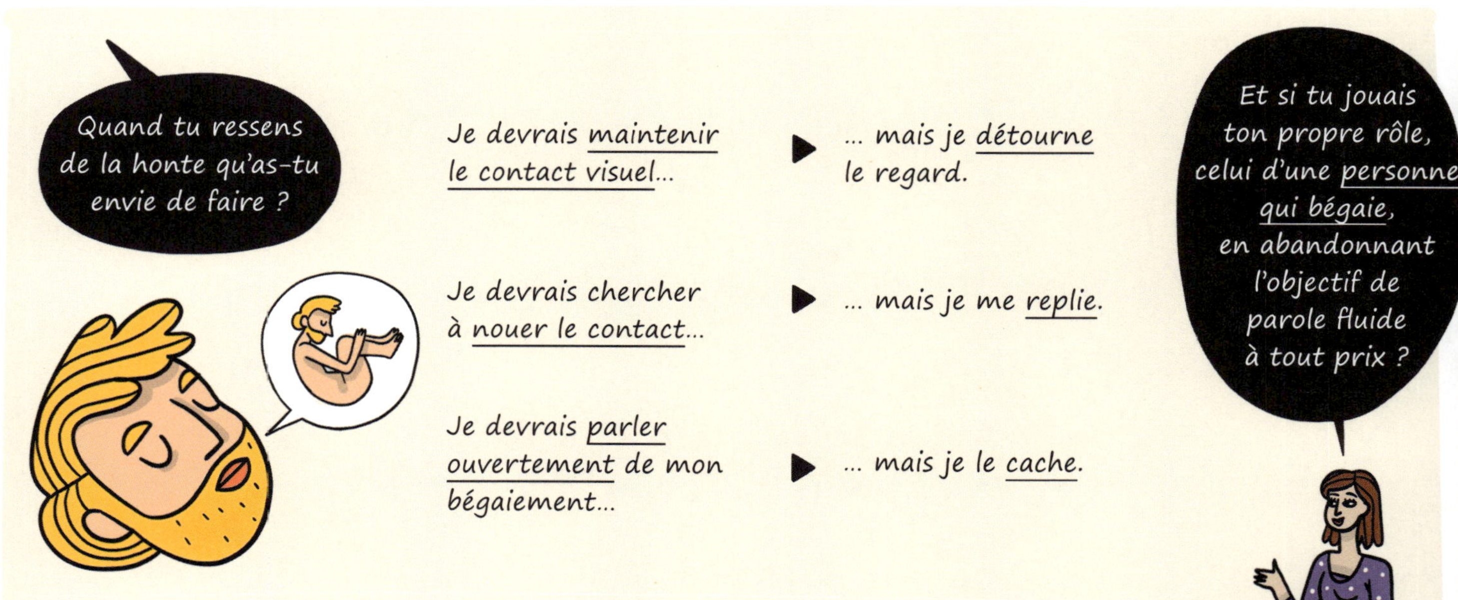

« Réussir à refouler le bégaiement est en fait ce qui maintient et perpétue le problème. »

Joseph Sheehan

Alors, tu continues toujours tes séances d'orthophonie ? Ça t'aide ?
Oui, beaucoup.
Du coup tu bégaies moins ?
Ah cette fameuse question ! Est-ce qu'on demande à un dyslexique de ne plus être dyslexique du jour au lendemain ?
Pas faux, mais la dyslexie est mieux connue. On sait qu'il y a une particularité neurologique dans le cerveau d'un dyslexique, et donc que la dyslexie ne s'en ira pas.
Le bégaiement non plus ne partira pas tout seul. Le bégaiement et la dyslexie sont tous deux des « troubles » neurodéveloppementaux.
Je me demande pourquoi on attend d'une personne qui bégaie, qu'elle bégaie moins ?

Un mouvement mondial mené par des personnes qui bégaient défend actuellement le concept de diversité verbale pour faire plus de place à la diversité neurologique humaine dans notre quotidien.

La neurodiversité fait partie de notre société. Il est temps, maintenant, de lui donner plus de visibilité.

L'orthophoniste américain Christopher Constantino développe l'idée du « stutter gain » : il met en évidence les aspects positifs du bégaiement. Bégayer devant l'autre, c'est une façon de lui dire :

Oui je ne suis pas parfait, mais je me montre à toi quand même. Et donc, tu as le droit, toi aussi, de ne pas être parfait.

Se montrer vulnérable permet de créer un échange plus authentique.

BÉGAIEMENT ET BÉRÉNICE

Dans les sables mouvants, si on s'agite, on s'enfonce davantage.

Quand sa parole est prise dans des sables mouvants, Bérénice ne lutte plus : elle bégaie ouvertement, elle communique librement !

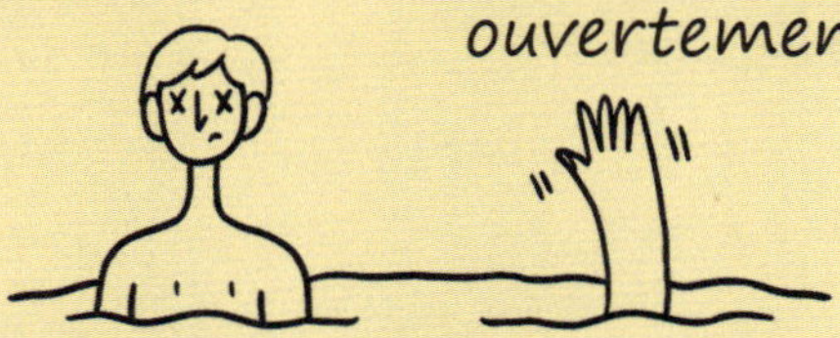

Le plus important, pour avoir une bonne communication, c'est :

- écouter,
- respecter les tours de parole,
- capter l'attention de l'interlocuteur et le regarder,
- savoir ralentir sa parole,
- avoir une parole vivante qui transmet de l'émotion,
- oser se montrer,
- être spontané.

Bibliographie

Rendons à César, ce qui appartient à César…

1. DES ÉLÉMENTS DU CONTENU DE CE GUIDE ONT PU ÊTRE INSPIRÉS PAR :

- Les formations dispensées par les orthophonistes :
  - Juliette de Chassey (TCC, thérapie ACT, anxiété, flexibilité mentale) et le contenu de ses conférences (« Bégaiement en chiffres », « Influence modèle médical/social ») ;
  - Vivian Sisskin et Marianne Baille-Barrelle (TREB®, images de « l'oignon » et de la « pluie/acceptation ») ;
  - Christine Tournier-Badre (« Bredouillement », image du « cœur du réacteur »).
- Les podcasts « Je je je suis un podcast » de Geneviève Lamoureux, adulte qui bégaie et candidate au doctorat en sciences de l'orthophonie (Université de Montréal) et Judith Labonté, orthophoniste et formatrice (Bromont, Québec). Plus précisément les numéros : 3, 4, 11, 20, 24 et 25.
- Le podcast de Véronique Aumont Boucand et Marine Pendeliau-Verdurand, orthophonistes (N° 1).
- Le Dossier de Réflexion Thématique en Orthophonie (DRTO) d'Alix Raillard : « Capacités rythmiques et bégaiement », Université Claude Bernard Lyon I, 2021.
- La conférence sur les émotions d'Elisabeth Vincent, orthophoniste.
- Les conférences de l'AFSCC (Association Francophone pour une Science Comportementale Contextuelle).
- La plaquette de Sarah Hervé, orthophoniste : « Le bégaiement expliqué à ma classe ».
- Mes échanges avec Clément Aunis-Oumghar, orthophoniste, et Simone Falk, professeure agrégée au département de linguistique et de traduction de l'Université de Montréal, titulaire de la Chaire de recherche du Canada en études interdisciplinaires sur le rythme et l'acquisition du langage, et chercheure au BRAMS (laboratoire international de recherche sur le Cerveau, la Musique et le Son).
- L'ouvrage du Docteur Philippe Aïm : « Harcèlement scolaire : le guide pratique pour aider nos enfants à s'en sortir », éditions Plon, 2020. (« Les moqueries ».)
- La vidéo Youtube de Martin Jandet et Loni Inguanez : « Comment ne pas arrêter de bégayer ».
- Vidéo « Le bégaiement » sur le site OOAQ, Ordre des Orthophonistes et Audiologistes du Québec (références à Christopher Constantino par Geneviève Lamoureux).
- Le concours « Éloquence de la différence » dont Mounah Bizri est l'un des membres fondateurs.

2. RÉFÉRENCES DES PROGRAMMES CITÉS :

- Les Programmes Lidcombe, Westmead et Camperdown de l'équipe de chercheurs de l'Australian Stuttering Research Center :
  - le **Programme Lidcombe** (1980). Un guide du clinicien a été édité par Onslow, Packman, Harrison en 2003 ;
  - le **Programme Westmead** est toujours en cours d'expérimentation ;
  - le **Programme Camperdown** a été créé par Sue O'Brian, Brenda Carey, Ann Packman, Mark Onslow et Angela Cream au Centre de recherche australien sur le bégaiement. Il a été élaboré entre 1994 et 2000 et a évolué en fonction des recherches jusqu'en 2008.
- Le Programme des Demandes et Capacités : les Américains Starweather, Gottwald et Halfond ont développé le modèle des Demandes et Capacités (DCM) dans les années 1990. Une équipe hollandaise dirigée par Franken a proposé, en 2007, une nouvelle étude intitulée RESTART (*Rotterdam Evaluation Study of Stuttering Therapy in preschool children- a Randomized Trial*).
- Le Programme PCI : la *Palin Parents-Child Therapy* a été mis au point au Royaume-Uni au sein du centre Michaël Palin pour le bégaiement en 2008.
- Le programme 2G2A a été conçu par Marine Pendeliau-Verdurand, orthophoniste, en 2014. Des modifications de ce programme sont en cours.
- La Thérapie de Réduction de l'Évitement dans le Bégaiement (TREB®, ou *Avoidance Reduction Therapy for Stuttering [ARTS®]*) a été présentée pour la première fois en France en 2016, par Vivian Sisskin (Université du Maryland, États-Unis). La TREB® prend ses racines dans les travaux de Joseph Sheehan, psychologue américain (Université de Californie, Los Angeles) avec lequel Vivian Sisskin a travaillé (années 1970/80). Elle a ensuite fait évoluer cette approche pour qu'elle reflète les recherches actuelles sur le bégaiement et les idées contemporaines sur la thérapie du bégaiement.

Achevé d'imprimer en Mars 2024, par l'imprimerie L&C PRINTING GROUP– Pologne
Dépôt légal : Avril 2024
Numéro d'éditeur : MAGSI20230382